JN409233

어느 화가의 초상

채운재 시선집 71

어느 화가의 초상

유·나·영·시·조·집

도서출판 채운재

시인의 말

어느 화가의 초상이란 제목으로 4번째 시조집을 출간하게 되었습니다.

늘 그러했지만, 시집이나 시조집을 출간한 뒤에는 어딘지 허전함이 엄습하기에 이르렀는데 이번에도 그렇겠다 싶어 두려움이 앞서 있습니다.

작품에서 그 내용물이 얼마나 많은 마음을 어루 어서 이끌게 되었는가 하는데 있어서도 주춤거리지 않을 수 없습니다.

문학 즉 시적 작업은 내 일생의 과업인 까닭에 끊임없을 것이며 출간을 도와주신 출판사 사장님께 감사드립니다.

2016년 여름에

CONTENTS

제 1 부 : 어머니 품에서 배워

제 2 부 : 고서점 주변을 기억하며

CONTENTS

제 3 부 : 과수원에서

제 4 부 : 낙화암에서

CONTENTS

제 5 부 : 그리움의 연가

제1부
어머니 품에서 배워

미륵사의 밤

태고로 묻힌 자락 밤도 높게 회오리친다
오열로 엎드린 여태도 애절한 덫
섭리가 속 깊게 앓아
바람 끝이 차갑다

청사 우러른 뜰에 꽉 죄인 숨결 있다
탑 하나 세운 자리 무상한 벽만 높다
달빛이 비수를 걸어
숨결마저 거두었다

꽉 조인 허무일진대 뭘 두고 묻겠는가
비탈진 세월 걸어 무량의 석탑 외로울 건데
한 세월 묻고 지나는 옛터 물레처럼 돈다

처음도 그랬듯이 쓸리듯 밀친 풍경
풀잎도 쓰다듬는 흔적만 머무는 것을
밤별이 성근 숨결로 빈 자리를 넘겠다

정월 보름

들불 지피면서 벌레 잡을까
쥐를 쫓을까
불길 살얼음 녹여 사각사각 타오르는 밤
올 한해 기름진 땅 풍년 맞을 준비일까

그을린 논두렁 사이 잿빛이 바람을 탄다
타오르는 불꽃이 아직 남아 땅 끝 흔든다
먼 곳에 초인의 숨결
지심 매듯 하겠다

어머니의 품에서 배워

어머니 골무에 매인 바늘 끝이 이끄는 곳
베갯머리 어르고 곱게 마름한 저 손끝
새액색 단꿈 꾸는 아이
누가 평화의 성전을 볼까

학처럼 놀고 학처럼 살라 노래하겠지
맨땅에 뒹굴고 때로 무릎에 앉아 놀고
익히고 닦은 정이 남아
삶을 엮어 묶겠지

어느 명절에

명절은 그릇 닦고 다스리는 손길이다
엄마의 정성이 묻어 범벅인 눈물도 있다
한 세월 다독여 논자리
서리 끼듯 하얗다

어르고 다스리고 가꾼 세월 불러 놓는다
그 자리 인고의 삶 물어대는 자리였다
저만큼 떼 지어온 정
풍경으로도 매달린다

옛일을 기억하며

긴긴 날 견디어온 문풍지 새로 바르고
조용히 찾아준 정 가끔 물어보면서
초가집 마루 끝에서 명상 즐겨도 되겠지

버선발 딛고 선 그 선한 어머니 모습
찌그러진 구두끈 푼 아버지의 그 숨결
이제야 말씀 바르고
옛집 문을 드나들겠지

그토록 새록이 돋은 정의 사슬 풀거니와
첫새벽 기침 소리 그 정취 되새기면
아픔이 강물 지나듯 스치는 듯 새기겠지

기원을 위하여

손 마주 합장하고 애태운 기원의 끈
사루어도 끝내 금하나 유연히 떠는 것을
덧없이 녹아내리는 빛
심령으로 가꾼다

만나고 헤어지는 것 모두어 인연인 걸
숨결도 다사롭게 별빛 돋듯 가꾸고는
조금씩 간격을 좁히며
가지런히 맞쥔다

아카시아 꽃

흰빛
서정의 뜨락
희다 못해 눈부시겠지

마음의 잔해 닦아내고
순정의
마디
띄우겠지

순백색 환담을 엮어
마치
눈마저
뿌리겠지

어느 화가의 초상

어서 와
하고 이른 말씀
남아서 빈 방에 논다

화첩에 정열을 꽂고
견고한 지혜를 얹고

백수의 세월을 낳다
그만
목숨 가뒀는가

고단한 삶 밀고 끌고 예술의 꽃 피웠겠다
만나는 인연마다 정의 사슬 풀었겠다
참하게 살아온 세월 풍정으로 울렸겠다

당신의 길 고단하고 고독한 순례의 길
예술의 꽃 동양화로 첨단의 색조화로
동양과 서양의 왕래 화술로써 일궜겠다

그 높은 정념의 빛 고결한 숨결였지
노령의 몸짓으로 어르고 다진 자리였지
끝내는 외로운 자리 그리움 하나 걸었겠지

평화의 자리

푸른 숲 맑고 희게 번지는 자립니다
마음 풀어 담은 짐짓 고운 자립니다
섬광이 한꺼번에 번진
영롱한 자립니다

고향 뜰 베고 자듯 평화로운 자립니다
풋풋한 목숨처럼 감겨난 자립니다
뿔뿔이 흩뿌렸다가 끝내 모은 자립니다

마침내 포효하듯 쏟아부은 자립니다
일제히 타올라 승천한 자립니다
마지막 깃발을 꽂고
감화된 자립니다

그리운 날이

그리운 날 부르는데 눈 감고 부르는데
고단한 삶이 지루한 탓에
제 풀에 치어서 그만
무거운 침묵에 눌려
일시에 밀리었음을

들국화

아슴히 밀린 꿈 하나 늘리고는
시들한 세월도 부르며 어르고는
여울 빛 널브러진 자리
서릿발마저 이고 있다

한 겨울의 그림자

하이얀 세월마저 돌담에 걸려있어
부르면 영롱히도 찰랑이는
아픔인데
구름도 돌담을 끼고 뉘엿뉘엿 넘는다

밤길이 서운한 날 두고
귀뚜라미 운다

고운 날 두들기는 긴긴날 그리울 텐데
남루한 풀잎이었던가
찬바람을 여민다

서천 팔경

1. 마량 동백 숲

물 흐르듯 간 세월 물가에 어르어 놓고
해지면 움츠리고 해 돋으면 꽃빛 어린데
물위에
물그림자 띄워
동백꽃이 파도 탄다

2. 금강하구 철새

금강 물 자락 느려 바람도 소스라친다
물오리 철 따라 와서 눈보라와 눈 맞댄다
어느덧 무도회의 자리
밤하늘을 수놓는가

3. 한산모시

세모시 짜늘린 품이
자상한 할매 울음 같다

산돌아 푸른 정기가
골골마다 굽이친다

문화여
삶의 요람이여
가꾸는 자리 여기겠다

4. 신성리 갈대밭

끝자락 가늠가늠 추스린 강기슭에
돋아 푸른 빛 코발트 하늘을 닮고
강물이 키운 자린가
갈대숲
물에서 논다

5. 춘장대 해수욕장

은빛 모래 빛 눈부신 자태로구나
아슴히 밀리는 정
누가와 찾는 건가
바닷물 세월 감고는 말함도 없이 간다

오월 오솔길 따라
세월 감은 아카시아

한데 어울리는
해송림 모래에 젖고

파도 빛 서린 물줄기
풀 내음도 어르고 논다

6. 문헌 서원

정과 의로 다진 선인 이색의 충절을 얹어
그의 삶을 기리고자 효정사를 세웠으니
그 서원 둘레에 이르러
무심의 뜰을 본다

7. 희리산 자연 휴양림

산돌려 송림을 끼고
수려한 풍광을 끼고

오솔길 따라가다
서해바다 관망도 하고

천혜의 자연녹지를 따라 마냥 걷고 싶다

8. 천방산 풍광

천방산 용재바위 따라 돌다 앉아서
뭇사람 그리다가 정에 젖은 사람 두고
오로지 소원을 두고 어르면서 새기겠네

멀리 바라보면 금강의 물 황금빛 깔고
산벗꽃 눈꽃처럼 지천을 누비거니
산방산 봉우리 끝에 서서
풍경화 한 폭 그어볼까

제2부

고서점 주변을 기억하며

어머니의 손

넘치듯 감기는 손 따뜻한 정이 흘러
덧칠한 세월에도 여태 남는 것을
풀잎도 하도 그리워
시름 앓아 오더라

유년의 뜰 · 1

염원을 불사르고 정을 잃어 서러웁다
부르고 사무친 날 여미면 아팠다
아무도 돌보지 않는
내 삶의 뒤란이여

유년의 뜰 · 2

메밀꽃 지핀 곳
세월은 곧 시들하여
추억의 장 넘기면
손은
시려웠다
문풍지 시샘에 차오른 채
바람 젖어 울까

유년의 뜰 · 3

살아온 세월이 왔다가
물 흐르듯
지나겠다

자못
엄숙한 자리
덕지덕지 얽히겠다

밤길에
달빛 엮어
개울물에 띄우겠다

고서점 주변을 기억하며

고서점 주변을 돌며 꿈을 키운 세월을 보자
몇 날을 밤새워 삶을 놓고 되새기고
그것이 차마 그리워 살아온 날을 넘긴다

창을 밀고 보면 아마도 보이는 자리
고요가 멈추더니 거기서 진동인가

한 세월 감싸고 온 밤이
아스라이 밀리겠다

한라산

산정에 올라서서 넓은 광장 우러러보면
비상한 햇살 하나
감치고 떠돌아서
조랑말 방울 소리가 홰를 치고 있겠네

산은 옛과 같이 꽃피고 메아리친다
풍설로 널은 세월 거두고 가꾸란다
얼마나 많은 것 물어
산 모두어 키우겠네

수월산

수월산 둘레로 젖은
물 위에 달이 떠서

산머리 우러러보며
강 머리 보겠는데

낚시 끝 드리운 사람
세월 낚는가
정 낚는가

골똘히 귀 기울이다 잡힌 정취가 있어
산 청청하고
물굽이에서 눈감고 사연 띄우면
하마도 올 것 같은 정
바람에 걸려 사무치겠다

수련꽃

수련수련 수련거려
끝내
아픈 것을

허둥댈 세월을 두고
가지런히
지핀 것을

뭇 설움 끓어 안고서
다소곳이
젖은
몸

꼭 한번 가리고 싶은 뜻깊은 몸짓으로
생각을 고르고는 파르라니 떠는 것이
한 시절 가둔 이야기
엎드려서 뇌인다

강진 시장 어귀

5일장 봄맞이 나서
강진 시장 어귀에 들면

수양버들 늘어지듯
산수유 지펴 널듯

막국수 자락을 풀며
국수집 할매
넋두릴 본다

매화꽃 길 따라 산굽이 돌아서 왔다
섬진강 물굽이 산길 잡고 꽃 따라 놀고
한시도 잊지 못하고
그리움 캐러
할매집 왔다

파초

이 길목 남국의 향수
정만 어르고 있겠다

널브러진 이파리마다
부챗살 춤은 너울대겠다

그 눈빛 파아란 빛살
어디쯤 쏟겠는가

매화꽃

저만큼 서성인 햇살
휘감고 돋아난 꽃이

하얀 설원의 뜰
가꾸고
다스리고

푸른 꿈 가슴 안으로
둥실하게 돋겠네

코스모스

서리 낀 풀잎 하나
꽃 하나 거느리고

곱고 유난한 몸짓 유현에 사무쳐서
그 채색 그 숨결로 간곡함을 널더라

능소화

능소화 별나게 치렁대는 자리였다
쓸렸다 되감기는 비밀에 묻힌 자리였다
멍글듯 인연의 탑이 바람 묻어난 자리였다

금낭화

파르라니 떠는 것이
사모의 정 묻었니라

꽃피고
잎 돋은
참한 눈짓이니라

어머니 당신의 정성
아스라한 자리였니라

문장대

산돌아 구름 앉은 바위 끝자락에
바람은 앉아 놀더라
신선과 놀더라
무수한 꿈을 건지는 염원의 자리에서

빛과 더불어 푸른 하늘 둘러메고
아스라이 뻗은 저 난간
누천년 세월 걸머지고
담담히 새겨 놓겠다
자연의 신화 그 보고를

용화산 황혼

용화산 굽이돌아
돌아온
물소리 젖고

뻐꾸기 골짜기에서
울음도 서러웁다

산허리 감아 죄일까
산 메아리 울겠다

그 토록 오랜 날을 침묵으로 지새더니
용머리 산자락에 황혼이 올라앉아
물소리 처처에 흐르고
노을 묻어가는가

먼지

문틈에 끼인 먼지
시샘으로 나부끼더라

고요가 스물스물 덧칠한 자리에서
옛일을 그리워하며 바람에도 흩뿌리더라

밤낮을 꼬박 새운 그 무게가 얼마인가
기력도 다 한자리 흔적만 탑처럼 쌓고
끝내는 밤별에 젖어
울부짖고 있더라

폭음의 세월

그렇게 흐르는 것
시간인가
세월인가

물소리 지천을 깔고
어디론가 가는 그 길

천만번 외쳐 보아도
무심한 삶이
에워싼 자리

수평선
그 위엔가 바람이 지난다
노도처럼
분노처럼
솟구치는 물의 높이

우러러 가는 세월이
평온하다 할 건가

아픈 시선

풍지가 떨려나 듯 그렇게 밀리는 정
내 울 밑 수줍은 애기 아파서 움츠리고
쉽사리 닦아 내리지 못한
못내 서러운 노래여

바람이 시나브로 매달려 아픈 매듭
풀밭의 풀잎처럼 사랑으로 울부짖고
소록이 번지는 온정
마디마다 저린다

삶의 흔적

누렇게 찌든 세월
바람에도 흔들리고

움츠린 몸짓 하나
시샘으로 떨더니라

가는 정 막을 길 없어
빈 가지만 흔든다

제3부

과수원에서

산길에서

산도
신록인 걸
꽃길 따라서 가자

봉우리마다
놓인 풍경
선인이 와 놀겠거니

산청청 고운자리에
물소리
예스럽다

과수원에서

과원길 가만가만 거닐면서 명상한다
이슬방울 영롱한 아침을 맞아본다
여기서 꿈꾸던 시절 주렁주렁 열린다

가난을 거울삼아 가꾸고 키운 뜻
밝고 흰 향기의 이마 가지런히 띄운다
조용히 선잠에 들어
꿈을 꾸어 볼거나

그 날의 기상

코발트 빛 무늬 띤 자리
여명의 날 부르겠다

강기슭 바람 몰려
파란 물 위에 놀겠다

티 없이 맑고 고운 인자
물이랑에 모을까

아직도 성글게 돋은 저 만치 풍경의 울안
고풍한 까닭이사 그리움 걸어 설레이고
그 푸른 우리들의 세월
꿈도 새록이 돋는다

그리움의 꽃 · 1

한 여름 밤 모닥불 피운 시절을 불러
내 이웃 손 잡고 강강술래 놀이하고
몇 날을 기억하면서
뇌이고 뇌여
정을 부를까

그리움의 꽃 · 2

선운사 뒤 뜰 오르다 만난 동백꽃
한 겨울 지나는 길에 눈발 맞고 피우는데
풍경이 뜨락 둘레로 울려 주고 있겠네

그리움의 꽃 · 3

그리운 고향 정 보러 왔네
정을 피우는 달이 떴네

잡힐 듯
아스라한 세월
와서
눈물 젖었네

풀향기 이슬이 먹고
반짝이는
뜰에 있네

그리움의 꽃 · 4

꼭이 당부가 있어 고향의 굴뚝을 본다
골목길 돌아 마을로 들면 어머닌 거기 있다
세월아
숨 막히게 지나
어머님 나이를 지나는가

그리움의 꽃 · 5

가다가 서운하면 뒤 돌아보는 곳
얼마나 많은 것
물으며
날 부르나
문고리 겨울바람 젖어
버얼벌 떪겠네

그리움의 꽃 · 6

홀연히 떠난 자리
흙먼지로 높이 쌓였거니

바람엔 듯
밀려온 잡풀
그리움만 밝혔거니

얼마나 많은 날 두고
시름시름 앓았던가

속 깊은 사연이사 언제나 속울음 두고
정 하나 꺼내 들고 빈 하늘 우러르고
돌아간 세월이 무겁게
바위처럼 눌린다

기억의 뜰에서

기별도 없이 일러온 세월
창밖을 서성인다
뭇별이 달싹이며 성근 채 떨고 있다
고샅길 바람이 와서 그리움마저 이른다

장항 송림 해수욕장

모래땅 딛고 서자
햇살 젖은 물빛도 보자

송림에 묻은 노래
햇살에 열기 돋고

그 열기 온몸에 두르고
절인 몸을 녹이자

백마강

천년 세월을 지고
백마강
강물이 간다

청사 굽이쳐
앙금으로 남았거니

은하로 돋은 강물이
울부짖고 있구나

다가공원

다가공원 오르다가 흐르는 물소리 따라
세월 간 빈자리
노래처럼 불러 놓고
지난날 정 담은 자리
그리움마저 부르고 싶다

보리수 열매

보리수 가지 끝에
타는 듯
매달린 것이

실하게 뜨거워서
열렬한 정으로 타고

산돌아 지나는 길
멈춰 서서 보란다

모악산에 들러

무심으로 찾아 준 바람
세월 넘어간 자리에서

오랜 날 정 묻어난
내 엄니
품 안을 본다

뭐 그리 그리움 남아
풀피리만
애잦는가

앵두

그 눈빛 고옵듯이 타오르는 사람도 잊고
때로는 다소곳이 순정으로 어르거니
입안에 도르르 물려
정을 주고 있겠다

뒤 뜨락 언덕바지 오르다 멈춘 가지
달래달래 매달려
문득 붉은 것이
눈부신 광채를 띄워
붉게 타고 있겠다

연 갤러리

문전에 놓인 어항
담긴
연이

이파리 헤집고
고동 세워
피웠거니

그 꽃잎
의연한 자태
화사하게 웃는다

담 둘러 물가이던가
피고
지핀
연방죽이

금붕어
연잎에 숨어
놀이마저 한참인데
꽃송이 하나가 돌아
물그림자 띄운다

전주천 변

천변은 유창에 떨 듯
바람 같이
버들 늘어져

치잉칭 감았다가
한처럼
늘려 놓고

춤추듯 둥근 몸짓이
버들피리로 울더라

지나온 삶이 그리운 자리

고단한 세월로도 가꾸어 온 살림인데
먼발치 그리운 것이 뜰밖에 서성여서
아픔에 떠밀린 풍경
시름시름 앓는다

팽나무 아름드리 키워온 삶이 있어
두고 온 산천 우러르면 메아리치고
고단한 삶을 밀고 끌면서
개울물 흘러간다

취한 아픔

과밭에 달이 젖은
울안에 들어 놀아보자
한 모금의 정이 묻은
우물가 두레박 보자
심혼을 두들기는 섬광
그 먼 날의 소식을 묻자

잎 지고 노래만 남아 밤은 처처한 울음
두엄 밭 모과나무 가지만 스산한데
무시로 소스라치는
우리네 삶의 회오리여

제4부

낙화암에서

사무친 날

사랑이 겨울 때는
목청껏 외쳐야 한다

겨울나무 가지 끝에
걸린
달빛 부르고

시간이 뿌린 흔적을
사무치게 얼려야 한다

달은
구름 사이
어느 쯤 밀린다 했나

밤은 저무는데
물소리
헤집는 바람

적막한 단 한 번의 외침
키우라
그리했나

잃어버린 세월

접어도
재생된 시름
전신을 누르는데

무슨 오류가
그리도 많은 탓인가

벗겨도
되울리는 것
그것이 그리움인가

온갖 것
다 물어도
자분대며 오는 아픔

절망이 무엇이며
삶이
또한 무엇인가

세월이 가고 난 자리
바람 젖어 외롭다

슬픈 좌표

어느 그리움 있어
오솔길에 오르게 되면

눈 덮인 산능선
마른 가지 홰를 치고

백설이 난분분한데
바람은 제 홀로 떨까

무더기 무더기져
조약돌 구르는 소리

물은 옛 일을 일러
그렇게 흐르는데

제 설움 돋은 자리에
앉아 울고 싶구나

속절없는 것

내 아픈 속을
속절없이 여미면서

무심한 세월의 뒤란
그을린 자리거니

연민에 사무친 날을
불러보고 싶구나

세상사 물으면서
떠돌다 만난 사람

소스라쳐 놀랜 일들
한참을 굴리다가

산능선 휘감는 바람
밀리는 뜻을 바라본다

사념이 차오르는 것

적막강산 스치는 바람
무심히도 내리는 자리

노승이 산길을 내려
수심 깊은 바람을 보고

산사의 풍경 소리를
늘려 놓고 있었다

사는 것
근본이 외로움에 떨리는 것
뭇 별을 헤아리며
그리움에 사무치는 것
산길을 따라서 가면
시든 풀잎이 떨더라

낙화암에서

누천년
흐르는 세월
바람 잦은 골이 아프다

돌과 돌
까맣게 그을린 자리가 덧나

철새는
백마강 나루에
올라와서 우는구나

한 겨울의 뜰마다
참나무 잎 지고 쌓여

한낮
꿈의 자리
애환이 남아돌고

밤 여울 묻어난 자리
뒷전에 우는
풍경이여

기억의 거리 · 1

여름 한 철 내내
울어 헤는 풀벌레

강물 넘치며
흐르더니
울음은 가고 없다

호롱불
밝힌 뜨락을
흰 눈이 걸어가고 있다

이 길을 가면
추억도 와 있겠지

처마 끝 고드름 열져
세월 불러 놓으려니

밤공기 뜰을 쓸면서
그리움 하나 떠돈다

기억의 거리 · 2

그렇듯
꿈꾸며 왔다
캄캄한 밤에 젖은 아픔

건너편 언덕배기에
노을이 깊이 묻혀

넘치듯
솟구치는 불빛
가만가만 열린다

기억의 거리 · 3

꼭 껴안고 있으면
아직 남은 살얼음이

지난날 묻힌 꿈도
슬슬이 풀어내고

한 조각 부서지는 삶이
뉘엿뉘엿 저문다

기억의 거리 · 4

꼭 한번은 울었던 자리
그 자리가 그리워서

추녀 끝 빗물 소리
어르면서 눈감으면

풀피리
얕게 떠돌며
정든 고향을 부른다

환영

문틈을 빌려서 보면
잊었던 전설
풀꽃보다 곱고

꼭 여민 사무친 정
숨 막히게 번지는데

잔잔한 세월이 덧나
전율처럼 떠돈다

그냥 부르다가 경이에 놀랜다
사뭇 달아오르다 귀한 것 밀린다
차라리 잔영이 밀린다
부서진 아픔이다

여름 풍경

꽃
꽃 빛
꽃 여울에도 묻히고 싶다

벙그는 그 자태
웃음 속에 취하고 싶다

산등성 오르는 자리
꽃
붉게 타오른다

여름 한낮을 쓰는
바람 소리
물소리

마주 본 눈빛 틈으로
정겨운 노래
꿈 지피고

가만히 맞아 온 정이
풀꽃처럼 얽힌다

삶

사는 것
고뇌로 찰 때
그 땀이 빛나듯이

짓눌린 삶으로 젖어
사랑은 간절하듯이

포도알 으깨어내는
언제나
거기
꿈은 큰다

순한 정취

한 개
돌의 무게
여미듯 안아보자

정연한 사랑도
바람결에 날려보자

수많은 빛깔의 삶
모름지기 가꿔보자

순하게 꽃잎새와 꽃그늘을 쓰다듬자
달빛도 별빛도 다소곳이 쓰다듬자
포도알 영롱한 빛살
가지런히 쓰다듬자

안식의 늪

아마
올 것으로 믿고 살아서 여기 왔다
무상으로 흐르는 정 손끝에 감았었다
솟구친 빛살의 무게
늘려 놓고 있었다

가는 사람이 있어서
소식을 묻기로 했다

철 따라 지핀 꽃처럼
주문된 사랑도 놓고

그 순한 빛더미 키워
달처럼 가꾸게 했다

설화

한 겨울 구름 뜨고
한 마디 말을 뇌이다

고이 간직한 사랑
한 자리 불러 놓고

백설이 길을 쓸 때
무심 젖은 노래 본다

마른 가지 흔드는 것
바람인가
세월인가

그림자 띄운 자리
눈이 내리고 쌓여

옛 정을 불러 놓는데
잔잔한 꿈이 아프다

고목나무 곁에서

내가 그리로 가서
옛날을 불러보리

가만히 돋은 이야기
마른 가지 흔들고

회상에 불을 밝히면
활활 타는
세월여

한 줌의 노래로도
목숨을 끌어 당기고

마른 풀
마른 가지
바람에 끄슬려도

덧나는 생활의 문가에
시름만 외롭게 떤다

비정한 삶

한 번의 어긋난 삶
저만치 밀쳐놓고

옛 일을 하나씩
들춰내 물어보면

맨 먼저 떠오르는 것
헛된 꿈의 망상이다

한시도 잊지 않고
부르고
놀던 시절

눈빛 타오르듯
소망도 담고 본다

여울물 흐르는 소리
그렇듯
지나는 삶

저쪽 문밖에서

꽃비늘
은어떼처럼
꼬리 치며 나부낀 것이

희디흰 세월 감아
달빛에도 걸어두고

닫힌 채
문틈 안으로
애잣은 숨만 고르겠다

하나씩 추스려도 흔적은 탑처럼 쌓여
사랑을 정으로 묻고
그리움으로 앉은 자리

어느 길 저만치쯤에
고단한 꿈은 앓겠는가

어머니 말씀

일상의 이야기에도 자상한 말씀 없고
모은 손 가지런히 잡아주며 하신 뜻
무상이 구름 가듯이 지워가고 있구려

제5부
그리움의 연가

겨울 노래

성근 가지 끝에
달은
걸려서 논다

시든 풀잎
흔들고
홀로
노는 바람

설향은 뜰을 지피고
기억의 창
열어 논다

삭막이 걸려 떨라
무심한 삶이거나

돌아와 이르는 말씀
전설을 꽃피우는데

그 때에 언덕쯤에서
옛이야기 모은다

월명공원

눈발
그친 뒤엔가
달은 떠오른다 했다

동백 꽃잎 다소곳
숨죽여 지피더니

물결이 파도를 타면
꽃은
향기로
떠돈다 했다

층계를 오르는 사람
그 숨결도 가파롭고

마른 잎 구르는 자리
그 벤치에 앉은 사람

언제나 마지막 자리
바람만 걸쳐 떨더라

그리운 날 묻힌 자리

저 길 너머로 가면
그리운 이 와서 놀까

물소리 옛 일이 그리워
폭음하면서 소리칠까

돌아간 세월이 와서
옛적 일을 널어둔다

기억은 칡넝쿨처럼
쭈욱 쭉 뻗어 있고

때 묻은 사람이 아파
잃어버린 삶을 부르면

모든 것
환정하게 서리
가슴 조여 오고 있다

삶의 자리 · 1

저 숲
울창한 자리
연륜이 묻어 있어

바람이 오고 가는 것
끝내는 낙뢰하는 것

절망도
꿈도 한데 묶어
사람 사는 것 여기서 본다

울분도 쓰다듬으면
고운 빛 남아있고

사랑도 불러대면
그리움도 곱게 젖어

참 오랜 기억을 두고
불러 보고
싶은
사람

삶의 자리 · 2

그와 꼭 손을 잡아야 사랑인가
헐벗은 삶 추운 몸부림에
조금씩 억조인 사랑
눈물겹게 아프다

오늘에야
내 시선 위로
눈은 하얗게 돋고

달빛
마른 가지에
앉아 떨고 있다

내 곁에 돌아올 사람
그 사람은 소식도 없다

뻐꾹새 울음

뒤처진 회한이 있어
서러워 울겠다

밤이면 찬 이슬 쓸고
낮이면 푸른 하늘 보고

뒤처진 사랑을 두고
뻐꾹새 울겠다

그리움

그을린 삶이거든
앞에 놓고
서서 보자

꽃 떨기 보다
더 곱게 얼려 놓고 바라보자

사랑은 그리움 젖어
물안개
띄워 놓은 것

짓눌려 움직일 수 없는 것
사랑이다
번뜩이듯
지워지지 않는 것
인연이다

부딪혀 소리쳐 오는가
바람 젖어 떨던가

한 번의 사랑

청포도 익어 내듯
그 향그런
내음과 같이

그 이름 부르고
고운 빛깔
되뇌이고

영롱한 빛 무더기를
쓸어안고 싶구나

그런데 타오르다 흔적만 남아 그을리고
시든 풀잎만 밤이슬에 묻혔거니
서러운 세월이 아픈가
밤은
왜
혼자 운다

가기로 하자

돌아가자
눈물 젖거든
돌아가기로 하자

실개천
흐르는 물
어디쯤 갈 것인가

아무도 모르는 일인데
돌아가기로
작정하자

이른 아침이던가
산비탈
안개 떠돌 때면

미련도 묻어 두고
그냥
떠나자

해질녘
연기 자욱한
고향을 기억해 두자

금오산에서

소백산
지맥이 흘러
산첩첩 푸르거니

약사암 지나서
금명폭포에 이르면

지천을 더웁히는 빛
풍경으로 이르더라

사랑 그 이후

시든 잎들이사
참하게
고와서 운다

탑처럼 쌓인 정
한으로
나부껴 운다

길 잃은 철새 울음보다
처처한
아픔에 운다

이별 그 이후

그
빛
빛 무늬
바람 젖은 시름이었습니다

세월
간
문 뒤에서
꿈으로 아픈 시름이었습니다

사랑이
사랑으로 앓아누워
가슴앓이합니다

사무침

며칠 밤
며칠 낮은 얼마나 울었나
사랑은 그을린 앙금으로 가라앉는데
안식을 노래하는 사람
그 사람은 어디 있나

결백을 풀어 놓고
서로 뜻 맞잡으면

달빛에 젖은 풀잎
곱게 돋아오면

산울림 울려오듯이
정도 맞닿아 올까

승림사 길에서

겹겹이 묻힌 비밀
여기 서서 풀어도 좋다

꽃잎
번지는 사연
피멍져 흘러도 좋다

겨울 뜰
설향이 곱게
번진 자리에 서자

꿈 많은 사연을 두고
가슴 조인 날도 부르고

안으로 접히는 사연
풀풀
날려도 보고

파릇이 돋은 풀잎을
그리워해도 좋겠다

연가

몰래
숨어서 운다
그리움 쥐어짜 운다

사랑의 손을 걸고
사랑에 덧나 울고

그 많은 세월을 두고
또한 사랑을 가두고 운다

재 넘어간 사랑이사
흔적마저 지운 자리

문풍지 바람에 젖어
심신이 애절한 것

저만큼 그리움 두고
아픈 손이 저리는가

그리움의 연가 · 1

잎 지면
그리움도
같이 지고 말 것이

또 한 번
성근 별처럼
번쩍이다 떠나는가

싸늘한 문설주 끝에
찬 겨울이 얼리더라

노을 끼고 앉아
부르면
아픈 노래

번뇌가 서리거니
맘 속 깊이
애워싼 사랑

물소리 소소한 바람에
제 홀로 밀리는가

그리움의 연가 · 2

사랑도
미움도 같이
두고 그리는 넋두린데

비는 주르륵 내려
한 밤을 울리는데

잠 못 든 독백이 있어
휘어잡고 떨더라

그리움의 연가 · 3

아아
꽃 지겠지
바람도 밀리겠지

순백의 세월이 있어
걸음마저 멈추겠지

긴 잠을 헤집고 나와
한 줌 꿈을 되짚겠지

흰서리 끼인 뜰은
혼자서 걸으라 했나

이만큼 물러서서
사랑을 부르라 했나

감긴 빛
다시 휘감고
눈물겹게 울라고 했나

그리움의 연가 · 4

마주한 고운 시선
꿈의 시절도 밀리어 갔다

모아 둔 정인데
손짓할까
애원할까

염원을 사르는 빛살
머루빛만큼 고와라

영영 떠나버린 것
곱씹으면 눈물겹고

안으로 감긴 시름
흥건히 배이는데

바람은 그 사람 옷섶을
달그락대며 떠돈다

그리움의 연가 · 5

영겁을 그을리며
세월 지나는 길목을 보자

서러운 뜻도
가슴에 묻고
그리움 조여 보자

연락을 즐길 수 없어
다소곳 고개 숙입니다

물소리 유연하듯
그렇게 지나는 정

가끔씩 옛일을 불러
동화의 저 편을 쓸고

마지막 잡히는 노래
끓어 안고 웁니다

작품해설

다독이는 후정의
물씬거린 속내 비밀

-유나영 시인 네 번째 시조집
은밀한 비유의 고장 찾아-

장 희 구(張喜久)

작 품 해 설

다독이는 후정의 물씬거린 속내 비밀

=유나영 시인 네 번째 시조집 은밀한 비유의 고장 찾아=

장 희 구(張 喜 久)
시조시인·문학평론가 / 문학박사
현대문학사조 주간 겸 신인상 심사위원장
(사)한국한문교육연구원 상임이사 겸 이사장

≪목 차≫

Ⅰ. 서언 : 선경후정에 의한 시평의 3단계 지평

유나영 시인은 일찍이 시조집 3권을 묶어서 소복하게 쌓아둔 중견 작가다. 첫 시조집은 [낮달의 여행]이고, 두 번째 시조집은 [풀각시야]이며, 세 번째 시조집은 [그대 이름을 지피며]다. 이 시조집이 네 번째라는 버거운 작가다.

우리 선현들의 운문 작품인 시와 시조를 곱씹어 살펴보면 거의 전부가 창(唱)을 하기 위해서 존재했다는 것을 알 수 있다. '시'와 '사'라는 의미를 담아 '가사(歌辭)'라 했고, '가무(歌舞)' 혹은 '시가무(詩歌舞)'라고도 했다. 시와 노래와 춤은 별개로 존재한 것이 아니라, 이른바 종합예술이라고 했듯이 시 한 수 지어놓고, 창으로 연결되는 노래를 불렀고, 덩실덩실 어깨를 들썩거리면서 추는 춤으로도 연계했다. 요즈음 창작 시작 발표를 할 때 낭송조에 약간의 리듬만 가미하거나 손짓과 발짓을 곁들이면 시와 노래와 춤이란 가장 원초적인 행동이 아니겠는가 하는 생각을 한다. 시는 문학의 형태로만 이해할 것이 아니라 노래와 춤이라는 종합적인 입장에서 보아야 하겠다는 것이 평자의 생각이다. 이렇게 보면 '자유시'보다는 리듬의 격이 높은 '시조'는 음보와 율격을 생각하면서 창작된다는 점을 먼저 생각할 필요가 있겠다.

이런 점을 염두하면서 유나영 시인의 시조 작품을 곱씹어 읽어보면 음성언어라는 '구어체(口語體)' 문장에다 문자언어라는 '문어체(文語體)'가 적절하게 가미된 작품이라는 것을 쉽게 알 수 있다. 곧 어느 작품이나 꼬박꼬박 낭송조에 가깝게 창작되었을 뿐만 아니라 충만한 문학싱을 가미했음도 쉽게 발견하면서 고개를

끄덕이면서 작품의 음미 시간만은 행복했다.

우리 선현들은 한 편의 시를 선경후정(先景後情)이란 융합체라 했다. 시나 시조를 쓸 때, 먼저는 경치를 보면서 시적인 착상에 고개를 돌리게 되고, 다음은 그것을 보고 난 느낌을 비틀듯이 쥐어짜듯이 정적인 내용을 담아야 한다는 것이다. 그것은 오직 한국적인 정서의 함양이었을 때 공감이 가고 애착이 가는 것은 당연하다 하겠다. 고시조도 이런 시상으로 일궜으며, 현대시조도 이런 범주의 틀에서 결코 벗어나지 않는다. 유나영 시인은 이런 시적인 범주에서 벗어나지 않는 옹골진 우리 것을 사랑하는 시인임도 알게 된다. 이런 점을 감안하면서 도란도란 대화하는 마음으로 시평으로 상재해 본다.

한 편의 작품에 대한 시평을 쓸 때, 천지인(天地人) 삼재설(三才說)에 근거했음을 밝힌다. 첫 번째는 서언부로 '작품의 접근성'이란 단계(地)를 가만히 열어 보이고, 두 번째는 시인이 눈에 보이는 경치에 몰입하면서 작품 속으로 스며드는 단계인 '시인의 입장'(人)이며, 세 번째는 시인이 화자의 입을 빌어 진한 감동으로 느꼈음을 인지해 가는 '화자의 입장'(天)으로 정리하면서 시평으로 상재한다. 곧 평자가 정의한 시평은 천지인 삼재설이 원류를 형성한다.

II. 완숙된 시어의 짜릿한 묘미와 비밀

1. 자연(自然)스럽게 사랑을 배워가면서

사랑은 진실이다. 무조건 주었던 사랑은 되돌려 받기 위한 유목적만은 아니다. 조건 없이 주었고 맹목적으로 베풀면서 감싸주었다. 어머니의 품에서 바로 그것을 배우고 자라왔다. 이런 사랑은 제사를 모시는 과정에서 정성을 가르쳤고, 생일을 지내면서도, 명절을 보내면서 따스한 손길과 입김을 통해 자상함을 가르쳤다. 옛날도 그랬고, 현대도 그러했다는 시인의 목마름을 듣게 된다. 순수함 속에서 무언으로 배우는 우리네 엄마의 가르침이었다.

어머니 골무에 매인 바늘 끝이 이끄는 곳
베갯머리 어르고 곱게 마름한 저 손끝
새엑색 단꿈 꾸는 아이 누가 평화의 성전을 볼까

학처럼 놀고 학처럼 살라 노래하겠지
맨땅에 뒹굴고 때로 무릎에 앉아 놀고
익히고 닦은 정이 남아 삶을 엮어 묶겠지.
「어머니의 품에서 배워」 전문

어머니의 품은 늘 따뜻하기만 했다. 숨결이 따스하고, 포근한 정을 느끼면서 성장했다. 세상 물정 모르던 철없던 시절이나 누구와도 다정하게 지냈고, 이웃과 더불어 하고 친절하게 지내라는 가르침을 받을 때도 어머니의 품속은 따스한 사랑과 다정함을 가르쳐 주었다. 그렇게 살라는 무언(無言)의 가르침이다. 시인은 어머님의 품속에서 많은 것을 배우고 자란다고 했다.

시인은 첫 수에서 바느질의 상징과도 같은 바늘과 골무를 통해 정성이 깃든 손 매무새를 생각하게 되었다고 했고, 두 번째 수에서 달관의 경지에 드는 도인이나 스님처럼 학처럼 순수하게 놀면서 살아가라는 가르침을 받는다는 순결의 상징을 생각하게 된다고 했다. 어머님의 품속은 늘 그랬다. 사랑을 배우는 배움터였고, 다정을 느끼는 박애정신을 베풀면서 살아간다고 했다. 이것이 어머님이 품에 안고 자식의 얼굴을 보면서 가르치는 교훈이었다.

화자는 어머님의 다정함 속에서 평화의 성전을 만나게 되고, 차곡차곡 삶을 엮어 간다고도 했다. 이런 정신 속에서 어머님은 베갯머리를 어루만지면서 곱게 마름한 손끝으로 무언의 가르침을 주었고, 새액색 단꿈 꾸는 아이의 얼굴 속에서 누가 차마 평화의 성전을 볼 수 있을 것인가를 되묻고 또 묻는다. 이어진 두 번째 수에서도 인간 낙원의 상징과도 같은 흙내음을 맡으려는 듯이 맨땅에 뒹굴고 있을 때나 무릎에 앉아 놀고 있을 때도 정답게 익히고 닦은 정이 가득 남아서 삶을 엮어 묶어간다고 했다. 어머니의 정은 숨소리에서도 들리고, 따스한 체온 속에서도 들린다는 말을 실감하게 된다는 실증적인 가르침을 시인은 시어 몇 구절을 통해서 구성하며 가리치고 있다.

명절은 그릇 닦고 다스리는 손길이다
엄마의 정성이 묻어 범벅인 눈물도 있다
한 세월 다독여 논자리 서리 끼듯 하얗다.

어르고 다스리고 가꾼 세월 불러 놓는다
그 자리 인고의 삶 물어대는 자리였다
저만큼 떼 지어온 정 풍경으로도 매달린다.

「어느 명절에」 전문

명절은 풍요와 감사의 마음이 늘씬 녹아 있는 전통적인 우리네 풍습이다. 지난 한 해를 겸허하게 보내는 세모가 있는가 하면, 한 해의 풍년에 감사하는 추수감사절이 있다. 우리 선현들은 그 뿐만이 아니었다. 단오나 유두 그리고 칠석과 같은 명절도 빼놓지 않고 감사와 기원으로 명절의 의미를 감싸 안았다. 그래서 그런지 명절의 의미로는 하많은 도타움을 주었던 것이다.

시인은 명절에 대한 의미를 도탑게 정의를 내리는 시적인 묘미를 부리느라 애를 쓰는 모습이다. 명절은 그릇을 닦고 다스리는 손길이라는 나름의 정의를 내리는가 하면, 명절은 어르고 다스리고 가꾸는 세월을 불러 놓는다는 작명가다운 정의들이 그것이다. 여인네들이 그릇을 정성스럽게 닦으면서 부산하게 움직이는 손길 속에서 가정의 평화와 안녕을 기원하게 된다. 이미 지난 세월들을 휘휘 불러 모아 값진 내일을 설계해 보는 과거와 미래의 선상에 오늘을 놓고 시적인 시간의 차를 놓아보려는 부산한 모습이다.

화자는 첫 수에서 부산하게 닦고 다스리는 손길을 정성으로 범벅이 된 눈물이라고 그 속에는 한 세월 정성스럽게 다독여 놓은 자리에 서리가 끼듯이 묻어 있을 만큼 하얗다고 했다. 세월의 손길이란 순백함을 티 없이 맑게 그려놓았다. 화가들이 자기 그림의 제주를 하얀색으로 마무리한다는 의미를 되새겨 볼 일이다. 두 번째 수에서는 명절의 자리는 인고의 삶이 물씬 물어대는 몸과 마음을 부비는 자리라고 하면서 세월의 무게만큼 한 떼를 지어온 정이 깃든 진풍경으로 매달린다고 했다. 명절이 돌아오면 머리가 묵직하여 무엇을 어떻게 했으면 하는 계획 속에 머리를 짓눌리는 한 풍경의 그림 속에 삶의 진실이 차곡차곡 역사처럼 쌓여 간다는 진실을 알게 한다는 점에 공감한다.

2. 우리 것에 대한 사랑을 심으면서

우리 것은 옹골지고 나긋나긋하다. 곱씹으면 감칠맛이 절로 나고 때에 따라서는 코끝을 찡하게도 한다. 손에 쥐는 돈이 넉넉지 못하여 고서점을 이 잡듯이 뒤지는 경우도 있었지만, 그곳에 가면 역사의 숨결을 느낄 수가 있다. 꿈을 키웠고 깔깔 거렸던 선인들이나 선배들의 손가락이 스친 흔적을 맡을 수 있다. 장날의 진풍경은 우리네 엄마들 삶의 터전이었다. 5일장은 우리들의 추억이 서린 곳이다. 추억덩이들을 떠올리는 시상의 밑그림이다.

> 고서점 주변을 돌며 꿈을 키운 세월을 보자
> 몇 날을 밤새워 삶을 놓고 되새기고
> 그것이 차마 그리워 살아온 날을 넘긴다.
>
> 창을 밀고 보면 아마도 보이는 자리
> 고요가 멈추더니 거기서 진동인가
> 한 세월 감싸고 온 밤이 아스라이 밀린다.
>
> 「고서점 주변을 기억하며」 전문

어느 문인은 '고서점에 가서 보면 맛과 멋이 잘잘 흐른다'고 하면서 지금도 시간만 있으면 그때를 기억하며 고서점에 들란다고 했다. 그렇지만 그때 그 맛이 나지 않는단다. 읽고 싶었던 책이 없기 때문만은 아니었을 것이다. 까르르했던 아련함이 묻어나지 않기 때문이며 삶의 지혜와 바둥바둥했던 고비들의 진한 냄새를 맡을 수 없기 때문이었을 지도 모른다.

시인은 이런저런 생각으로 고서점 진풍경의 추억을 떠올렸으리. 그래서 첫수에서 고서점 주변을 빙빙 돌면서 향학의 열에 불태우며 꿈을 키웠던 하 많은 세월을 한번 보자고 했겠다. 덕지덕지 묻어나는 추억이 묻어나기 때문이리라. 둘째의 수에는 덜커덩하면서 창을 밀치고 고서점에 들어가면 아마도 그때 그 자리가 선하였음을 암시한다. 섬세한 정서를 간직한 시인만이 느낄 수 있었던 그때 그 시절이었겠다. '학생 왔는가. 오늘도 행여 결석할까 봐 걱정했던 모양이지.' 돋보기를 눌러쓴 고서점 주인의 텁텁한 목소리가 들려오는 듯하다. 세월의 무상함 속에서 내가 커서 벌써 부모가 되었으니….

화자는 비유적인 시상은 멈추지 않고 시계 바퀴를 되돌리는 시적인 멋이 묻어나온다. 몇 날을 밤새워 가면서 시계추 같은 삶의 무게를 걸어 놓고 되새기고 또 되새기면서 비워버릴 수 없는 것들을 그리워한다고 했다. 그리고 차마 살아온 날을 한 장 한 장씩 뒤집어 넘긴다고 했다. 고서점을 찾는 시간이 나를 이만큼 성장시킬 수 있을 것이란 고마움과 사랑스러움을 떠올리게 한다. 화자는 이어진 둘째 수에서는 고서점에서 느꼈던 시상에 못내 다 식히지 못해 몸부림치는 진동을 느낀다고 했다. [고요가 멈추더니 거기서 진동인가 / 한 세월 감싸고 온 밤이 아스라이 밀린다]고 했다. 시인이 화자의 입을 빌어 시적인 상관물에 대해 올곧은 감정을 다 소화시키려는 느낌이다.

5일장 봄맞이 나서 강진 시장 어귀에 들면
수양버들 늘어지듯 산수유 지펴 널듯
막국수 자락을 풀며 국수집 할매 넋두릴 본다.

매화꽃 길 따라 산굽이 돌아서 왔다
탐진강 물굽이 산길 잡고 꽃 따라 놀고
한시도 잊지 못하고 그리움 캐러 할매집 왔다.

「강진 시장 어귀」 전문

강진은 도자기로 유명한 곳이기도 하지만 다산이 18년간이나 유배를 했던 곳으로도 알려진다. 그래서 흔히 실학의 본고장이라도 말한단다. 강진에 가면 영랑 김윤식의 모란의 체취를 느낄 수 있고, 무려 40여 가지나 되는 한정식에 한 상에 그저 어안이 벙벙할 정도란다. 강진 5일장은 칠량과 작천 그리고 옴천 등에서 나는 특산물들이 즐비하게 쏟아져 나오는 곳이기도 하다.

시인은 유서 깊은 역사의 숨결이 느껴지는 강진을 찾았던 모양이다. 5일장 날만 되면 윗마을 사람들과 아랫마을 사람들이 한데 어울리는 진풍경을 연출하고 이쁜이 엄마와 순심이 큰 언니가 도란도란 나누는 대화는 우리네 삶의 모습을 물씬 풍기는 그대로다. 이런 점을 감안한 시인은 모처럼 5일장날 봄맞이 나서면서 강진 시장 어귀에 들리면서 여러 가지 진풍경에 취한 모습을 알게 하는 선경의 시상이다. 이곳에 오게 된 여러 가지 생각들이 겹쳐지면서 [매화꽃 길을 따라 산굽이 돌아서 왔다]는 시상의 멋을 더한다.

화자는 강진 5일 장날에 취하면서 봄의 전령이나 되는 듯이 피어난 산유꽃에 취하는 모습을 보게 된다. 그 맛에 흠뻑 취하더만 이제는 배가 후출했던지 맛국수 한 그릇은 객의 후출한 배를 채우기에 충분했을 것이다. 그래서 화자는 [막국수 자락을 풀며 국수집 할매 넋두릴 본다]고 했다. 구수한 전라도 사투리를 쓰는 할매의 넋두리 같은 말투와 투박한 국수말이가 그렇게 마음에 들었을 것이리라. 이어진 둘째 수에서 매화꽃 길을 따라가다가 오염이 되지 않는 탐진강 물에 취한 모습도 만나는가 싶더니 그리움을 캐고 싶어 할매집을 찾았다는 서정적 지향 세계 쪽으로 마음을 돌린다. 이 작품은 그리움을 캐겠다는 화자의 진솔한 시어가 그의 품격을 높여주고 있다.

3. 과수 열매에 대한 애착에 젖으면서

인간은 열매를 먹고 산다. 벼나 보리에서 익은 열매, 고구마나 감자에서 알알이 영근 열매를 즐겨 먹는다. 가을이면 주렁주렁 열리는 열매들은 우리들의 양식이자 풍성한 포만감을 느끼게 한다. 만물의 영장이라고 하는 인간이기에 독이 들어있지 않는 열매는 무엇이나 먹을 수 있어서 만물을 지배할 수 있었을 것이다. 이런 점을 감안하고 보면 탐스럽게 열리는 가을 과일의 진미는 우리들 마음을 풍성하고 넉넉하게 한다고 할 수 있겠다.

과원길 가만가만 거닐면서 명상한다
이슬방울 영롱한 아침을 맞아본다
여기서 꿈꾸던 시절 주렁주렁 열린다.

가난을 거울삼아 가꾸고 키운 뜻
밝고 흰 향기의 이마 가지런히 띄운다
조용히 선잠에 들어 꿈을 꾸어 볼거나.

「과수원에서」 전문

시인의 꿈은 유토피아와 같은 미지의 세계의 몰입하고 있다는 느낌을 받는다. 아담과 이브는 어떻게 선악과에 손을 대었을까. 어찌하여 원죄에 대한 인간의 타락을 가져오게 되었을까를 생각했을지도 모른다. 과수원의 사색이 노릇노릇하게 익어갈 무렵에 꿈의 시절이 주렁주렁 열리는 모습을 보면서 또 다른 세계에 몰입한다는 느낌이다. 그리고 조용하게 선잠에 든단다.

이런 점을 감안한 시인은 혼자의 취해 보는 명상에 잠겼음이 보인다. 질곡의 아픔을 딛고 오늘날의 풍요로움을 일굴 수 있는 위대한 인간 승리와 같은 그런 시절. 원시적인 방법으로 열매를 따 먹고, 내일을 망각하며 오늘에 취하는 그런 시절. 모두 다 아니겠다. 미지의 세계로 향하는 그런 취함이었으리라. 그래서 시인은 [가난을 거울삼아 가꾸고 키운 뜻]이라는 부단한 노력의 댓가에 대한 감사와 풍요로움에 대한 기원을 했으리니.

진정 그렇다면 화자의 대답은 이제 더욱 간단명료해진다. 열매가 주렁주렁 익어가는 이슬방울같이 영롱하면서도 찬란한 아침을 맞아본다고 했다. 그리고 [여기서 꿈꾸던 시절 주렁주렁 얼린다]고오 했다. 미지의 세계로 달려가면서 꿈꾸는 그런 시절에 열린다고 했다. 이 시어를 두고 자칫 '열린다'로 하기 쉽겠지만, 시인의 시적 표현인 '얼린다'고가 맞겠다. '얼리다'의 사전적인 뜻은 '차가운 상태로 만들어 굳게 하다'는 뜻도 있겠지만, '어른거리다'

는 뜻을 내포하고 있어서 더욱 시적인 감흥으로 다가서는 느낌을 받는다. 화자는 둘째 수에서 질곡의 시절을 넘기기 위해 가난을 밥 먹듯이 했음이 사상의 내면을 형성하고 있어 보인 후정은 든든해 보인다. 밝고 흰 향기의 이마를 가지런하게 살며시 띄운다고 하면서 명상 속의 선잠에 대한 시상에 몰입하는 모습이다. 이제 선잠에 들어 꿈을 꾸어 보겠다는 의지의 화신을 만난다.

보리수 가지 끝에 타는 듯 매달린 것이
실하게 뜨거워서 열렬한 정으로 타고
산돌아 지나는 길 멈춰 서서 보란다.
「보리수 열매」 전문

보리수를 우리나라에서는 보리자나무를 흔히 보리수나무로 부른다. 보리자나무는 피나무과에 속하는 낙엽교목으로 알려진다. 중국이 원산으로 한국에는 불교와 함께 들어왔단다. '석가의 해탈과 관련된 나무'라 하여 절에서 많이 심고 있으나, 그 보리수와는 다르다. 불교와 관련된 보리수는 사유수 또는 인도보리수라고도 불리는 보오나무라고 한다. 그렇지만 절에 가면 가끔 보리수 나무를 볼 수 있고, 맺은 열매 또한 귀하게 여기는 경향이다.

시인은 이와 같은 보리수 열매를 보았던 모양이다. 석가가 보리수 나무 밑에서 해탈한 나무라는데 착안하면서 더 많은 관심을 가졌음을 알게 한다. 이런 점을 감안한 시인은 보리수 가지 끝에 마치 불에 타는 듯이 다닥다닥 붙어 매달린 열매에 관심을 보인다. 신비스런 보리수 열매다. 불자(佛者)가 아니라도 상관없다. 해탈의 경지를 굳이 떠올리지 않더라도 심성을 맑아지고 마음은 벌써 말만 들어도 차분질 수밖에 없으리라는 선경의 밑그림이다.

화자는 이런 보리수 열매에 대한 후정의 바탕에 고운 색칠을 하기에 분주한 모습을 보인다. 그것은 단지 보리수 열매를 눈으로 보는 것만으로 그치지 않고, 간절한 마음을 담아 대화하는 참신한 모습들도 보인다. 보리수 열매가 실실하게 뜨거워서 열렬한 서정으로만 활활 타고 있기 때문이었을 것이다. 보리수 열매가 산들거리면서 속삭이는 한 모습을 시인의 입을 빌은 화자의 눈빛에서 읽게 된다. [산돌아 지나는 길 멈춰 서서 보란다]라고 했다. 보리수 열매의 마음속으로 들어가 속삭이는 수법이란 달관의 경지에 들지 않고 어떻게 이런 표현을 할 수 있었던가 하는 생각이 드는 대목이다.

4. 역사의 발자취를 찾아가면서

역사는 선현들의 얼이다. 역사가 없는 민족은 뿌리가 없는 민족과 같다. 우리의 역사는 피의 역사라고 해도 과언이 아니다. 빼앗기고, 빼앗아가는 피비린내 나는 역사의 장면이었다. 한 왕조가 들어서려면 수많은 사람들이 죽어갔고, 한 임금의 독주는 수많은 사람들의 피의 대가를 치렀다. 군국주의를 표방한 일본 침략의 역사는 할퀴고 훑어가는 뼈아픈 순환의 역사기도 했다. 역사의 흔적을 찾는 시인의 부산한 발길이란 시상의 대로를 열어주었다.

누천년 흐르는 세월 바람 잦은 골이 아프다

돌과 돌 까맣게 그을린 자리인데
철새는 백마강 나루에 올라와서 우는구나.

한 겨울의 뜰마다 참나무 잎 지고 쌓여
한낮 꿈의 자리 애환이 남아돌고
밤 여울 묻어난 자리 뒷전에 우는 풍경이여.

「낙화암에서」 전문

백마강 물줄기를 부여잡고 뉘엿뉘엿 저물어가는 애잔한 백제 마지막 왕 의자왕을 생각했던 것 같다. 낙화암을 생각하게 되었고, 암자에서 백마강에 몸을 던졌던 삼천궁녀도 생각했겠다. 그때의 역사를 생각하면 서글프기 그지없다. 꽃다운 궁녀들이 치마를 둘러쓰고 낙화암의 꽃이 되어 하나둘씩 몸을 던졌던 설화와 같이 일들이 생각난다. 십상 떠올리기 쉬운 어제의 일들이다.

시인은 이런 역사적인 사실을 머릿속에 염두하며 시상을 떠올린 것이다. 누천년 흐르는 세월은 바람이 잦은 골마다 시리고 아프다는 자기 푸념을 하는가 싶더니만 엉뚱한 철새에게 자기의 넋두리를 쏟아내고 만다. 이어진 둘째 수에서는 한 겨울의 뜰마다 참나무 잎이 지는가 싶더니만 한 겹 두 겹 쌓여가면서 한 땀 두 땀 엮었을 것이라는 선경의 지향세계를 그려냈다. 시적인 영상도 밑그림을 잘 그려야 덧칠하는 색채감이 보다 완벽해진다는 어떤 공식에 대입할 필요성까지 보인다. 시인은 이런 시적 얼개라는 공식을 잘 알고 튼튼한 밑그림을 그리면서 시적인 밑바닥에다 튼튼히 깔고 있다.

화자는 정적인 자기 시상에 널찍한 파도 한 짐을 철-썩 들이

붓는 느낌을 받는다. 낙화 암자는 돌과 돌들이 까맣다 못해 흰색 이끼라는 옷을 입고 퇴색되어 그을렸던 자리라고 전재하면서 철새는 천 년을 하루 같이 백마강 나루에 올라와서 애처롭게 울고 있다는 후정의 한 토막들을 이어내고 있다. 시인은 화자의 입을 빌어 그릴 수 있는 야무진 색칠이다. 이어진 둘째 수에서는 꿈의 애환이 뒷전에서 울고 있는 풍경이란 녀석의 탓으로 돌리는 야박스런(?) 시상 한 줌이 그렇게 도톰해 보인다. 한낮의 꿈과 밀려드는 애환이란 대비를 놓더니만 밤 여울과 우는 풍경이란 비유적인 대비는 큰 시인이 아니면 표현하기 어려운 대비법이 범상하지 않는 시적인 특수성을 만나게 된다. 시는 일반적인 관찰에서 특수성을 찾는 행위라는 자세까지도 잘 투영시킨 작품이라고 말할 수 있어 보인 작품이다.

> 한 겨울 구름 뜨고 한 마디 말을 뇌이다
> 고이 간직한 사랑 한 자리 불러 놓고
> 백설이 길을 쓸 때 무심 젖은 노래 본다.
>
> 마른 가지 흔드는 것 바람인가 세월인가
> 그림자 띄운 자리 눈이 내리고 쌓여
> 옛정을 불러 놓는데 잔잔한 꿈이 아프다.
>
> 「설화」 전문

고전은 우리에게 삶의 교훈이란 한 짐을 던져주는 값진 교훈이자 거울이다. 선현들의 귀중한 경험의 유산이자 읽고 만질수록 윤택해지고 오늘의 거울이 되기도 한다. 어찌보면 낙화암과 의자왕이란 역사는 사실에 근거하고 있지만, 이야기체의 읽을거리로 꾸미면 설화와 같은 한 자료라는 인식으로 치환할 수도 있다. 신화와 같은 이야기가 우리를 이야깃거리로 치부해서는 안 된다. 이규보의 대 서사시 동명왕편이나 아사녀와 아사달의 애달픈 이야기랄지, 수로왕의 설화들은 모두가 지울 수 없는 선현들의 고운 역사를 이야깃거리로 꾸몄을 뿐이다. 설화의 중요성과 가치가 여기에 있다.

시인은 이런 점을 감안하면서 설화에 대한 시상은 감상력의 풍부함을 느끼게 한다. 먼저 첫 수의 경치를 읊은 시상에서 한 겨울에 구름이 둥둥 뜨고 한 마디 설화들을 돼 뇌여 본다는 도입부의 범상함에 관심을 갖는 것은 어쩌면 다음에 무슨 말이 이어질까에 대한 부픈 기대감을 갖게 하면서 초조감이란 관심사항으로 기다리게 한다. 이어진 둘째 수에서 마른 가지라는 시인의 마음을 흔드는 것이 그게 한바탕 불어 재치는 바람이던가 아니면 스쳐 지나는 세월이던가를 자문(自問)해 본다. 그렇지만 들려오는 자답(自答)은 오직 메아리일 뿐 그 대답은 불분명해진다. 바람도 아니고 세월도 아닌 허무일 수도 있겠지만 찾고자 하는 설화의 한 낙원으로 귀착해 버린다. 시인은 이런 고차원적이며 원초적인 질문에 자기를 몰입해 버린다.

화자는 이러한 근원적인 질문에서 시원스런 대답을 찾지 못하더니만, 웃음 한 줌을 살며시 던져 준다. 고이 간직한 사랑의 한 자리를 가만히 불러 놓고 나서 백설(白雪)이 빗자루를 들고 길을 쓸 때에 무심하게 젓은 노래를 본다고 했다. 비유법이란 주걱으로 밥알이 엉겨 붙지 않도록 찰찰 치면서 밥을 정성스럽게 담는 가정주부의 모습을 연상하게 된다. 있었거나 있을 법한 백설이란 이야기들이 때에 따라서는 이야기가 되고, 노래가 되었을 것이라는 시적인 착상을 엉켜 놓았기 때문이다. 이어진 다음 수에서 화자는 바람인가 세월인가를 묻더니만 결국은 그림자를 띄운 그 자리를 백설로 치환되는 눈이 내리고 쌓이더니만 옛 정들을 가만히 불러 놓는 잔잔한 꿈들이 아프다고 했다. 이런 꿈들은 시인이 일구고 싶고 달관의 경지까지 끌고 가려는 설화라는 든든한 가지에 엮어내고 싶다는 자기의 염원과 함께 우리 민족이 오래도록 간직해야 될 귀중한 설화로 남기려는 달관된 시적인 착상이겠다.

5. 그리움으로 얼룩진 연가(戀歌)를 부르면서

사람과의 관계 사이에는 사랑이 있다. 한 인간이 한 인간을 사랑한다는 것은 좋은 일이다. 존경과 사랑으로 얼룩진 사제간의 사랑, 피를 이어받은 부모와 자식 간의 사랑, 혼과 마음과 육체의 어울림으로 만나는 남녀 간의 사랑 들은 그리움과 연민으로 이어진다. 시인의 사랑도 아마 그랬던 모양이다. 그리움은 사랑을 싹트게 하는 원동력이 되고, 익어가는 사랑으로 부르는 노래는 분명 한 폭의 연가(戀歌)가 되었다. 시인도 그리움 속에 깊이 간직한 사랑의 노래가 절절했으니 연가 되는 시상의 줄기를 은근하게 만져본다.

그을린 삶이거든 앞에 놓고 서서 보자
꽃 떨기 보다 더 곱게 얼려 놓고 바라보자
사랑은 그리움 젖어 물안개 띄워 놓은 것.

짓눌려 움직일 수 없는 것 사랑이다
번뜩이듯 지워지지 않는 것 인연이다
부딪혀 소리쳐 오는가 바람 젖어 떨던가.

「그리움」 전문

어느 유행가 한 소절에서 '사랑은 눈물의 씨앗'이라고 했다. 그렇지만 사랑의 원초적인 발전은 그리움이라고 해도 과언이 아니다. 조선의 여인들이 임을 보내는 절절한 마음을 담았던 것은 그리움 속에 잉태되는 사랑이었다. 황진이 시조가 그랬고, 이매창의 시조와 한시들이 그랬다. 시인의 사랑도 그리움 속에 짭짤하게 간해 두었다면 절절한 시가 되고 노래가 되었으니.

그렇지만 시인은 사랑은 무조건적이었음을 알게 한다. 타다가 다 타지 못하고 그을린 사랑이라고 했고, 그리움이 젖은 물안개를 띄우고 있다고 했다. 이런 사랑의 뒤안길에는 사용할 수 있는 비유법을 덕지덕지 붙이는 고고함이 스며있다. 이를 시인은 그을린 삶이라 하거든 앞에 놓고 서서 보자고 했다. 설익은 삶 속에 거죽만 살짝 그을린 사랑을 잡힐 듯하면서 결코 잡히지 못한 삶의 한 구절을 암시해 보인다. 이어진 후구에서는 압제와 압박 속에서 짓눌려서 꼼짝도 하지 못하고 움직일 수 없는 것이 사랑이라고 했다. 그을리다가 알알이 익어가는 사랑, 짓눌리면서 성장해 가는 그리움으로 익어 깊은 연가처럼 피어날 수 있을 것이란 단단함으로 포장하는 비유법들이다.

화자의 시상 속에 나타난 대비는 다시 분명한 모습을 보인다. 시인의 입을 빌은 화자는 첫 수에서 그리움을 꽃 떨기로 치환시키는가 하더니만, 이를 물안개 위에 띄워 보내면서 알 듯도 하고 보일 듯도 하는 속 깊은 여운을 보인다. 그래서 꽃 떨기 보다 더 곱게 얼려 놓고 은근하게 바라보자는 선경의 모습을 속에 [사랑은 그리움 젖어 물안개 띄워 놓은 것]이란 후정을 띄어 놓는다. 아름답고 진폭이 큰 모습 속에 비유의 안개들이 살포시 떠가는 느낌을 받는다. 이어진 후구에서는 시인만이 적절하게 대답할 수 있는 물음을 던지면서 시격을 높인다. 그리움은 번뜩이듯이 결코 지워지지 않는 것이 인연이다는 한 소절 속에 모두 함축시키더니만, 그리움은 [부딪혀 소리쳐 오는가 바람 젖어 떨던가]를 묻는 것으로 시적인 문을 닫는다. 시적 물음에 해답을 달아놓는 것은 어리석기 그지없다. 그것을 찾아내는 것은 독자들의 몫이고 평론가들이 몫으로 남겨두는 작품의 마무리가 곱게 보인다. 독자들의 역할까지 여운으로 남겨둔 멋이 흐르고 있는 고운 작품성을 만난다.

몰래 숨어서 운다 그리움 쥐어짜 운다
사랑의 손을 걸고 사랑에 덧나 울고
그 많은 세월을 두고 또한 사랑을 가두고 운다.

재 넘어간 사랑이사 흔적마저 지운 자리
문풍지 바람에 젖어 심신이 애절한 것
저만큼 그리움 두고 아픈 손이 저리는가.
「연가」 전문

그리움 속에 익어가는 산물들이 있다면 아마도 연가(戀歌)나 연서(戀書)가 아닌가 싶다. 연가는 사랑하는 사람을 향해 부르는 노래일 것이고, 연서는 사랑하는 사람에게 보내는 편지다. 요즈음은 스마트 폰으로 문자를 보내는 식으로 만나서 못다 한 마음을 문자로 보내면서 통정하지만, 몇십 년 전만 해도 연서에 연가를 담아 고운 정을 나누면서 보냈다. 곡을 붙인 것이 아니라, 시의 형식을 빌은 사랑의 노래였다. 이른바 투박스런 연가였다. 직유나 환유는 없었지만 사랑의 표현만은 진실했다. 그리고 진한 호소력을 지녔다.

시인이 부르짖는 연가에 대한 정의는 그 나름의 큰 의미를 받는다. 시인이 부르짖는 연가는 누군가 한 사람(여기서는 여자이겠음)이 몰래 숨어서 소리 없이 운다고 정의하는가 하면 그리움을 쥐어짜듯이 울어 버린다고 했다. 한국적인 특유의 습성은 좋을 때나 슬플 때의 직설적인 표현 방법은 소리쳐 울었다. 좋아도 울고 슬퍼도 우는 눈물의 하소연이었다. 이런 점을 생각하면 몰래 숨어서 울고, 그리움을 쥐어짜듯이 운다는 시인의 정의가 가장 합리적이라는 생각도 든다. 이어진 후구에서는 나를 버리고 재를 넘어간 사랑일진대 그 흔적마저 지운 자리라고 했다. 숨어 울다가도 더 이상의 미련을 갖지 말자는 다짐은 아닐까, 그래서 더 들뜬 마음은 아닐까 망설이게 된다.

시인의 입을 빌은 화자는 진정으로 우는 그 뜻을 풀어본다. 사랑의 손을 걸면서 그 덧나서 울고 사랑을 가두면서 운다고 했다. 덧나는 사랑 때문에, 가두어 버린 사랑 때문에 눈물을 펑펑 쏟아낼 수 있는 그런 사랑을 염원했을 것이다. 아니다. 화자는 그런 사랑을 갈구하고 있었을지도 모른다. 이어진 후구에서 또 한 편의 연가에 도취하는 모습이다. 문풍지 바람에 젖은 심신을 보내 놓고 애절하면서도 아스라이 보이는 그리움 두고 잘 자라가는 말을 다 못해서 아픈 손이 저리다는 의미를 더욱 도탑게 하고 있다. 알 듯한 말로, 모를 듯한 암시로 연가의 의미를 다 담아낸

언어의 마술사로 보인다.

III. 결어 : 매끄럽게 이어간 각 장의 이음새

지금까지 유나영 시인의 시조집 [어느 화가의 초상]에 대한 시적인 지향세계를 살펴보았다. 이미 발행했던 자유시집 6권, 시조집이 3권 등 9권이었던 만큼 시어에 대한 간결성과 비유적인 표현은 어느 작품에서나 무르녹아 있어서 읽으면 읽을수록 맛과 멋이 우러나온다. 이런 의미를 함축하고 있는 유나영 시인의 시 속에서는 다음과 같은 값진 보물을 곳곳에서 캐낼 수 있었다.

첫째는, 설익은 듯하면서도 완숙된 김치를 연상하게 했다. 된장을 적절하게 풀고 멸치를 넣어서 끓인 된장국에도 비견이 될 수 있을 만큼 순수한 우리 것에 대한 애착이 강하다는 느낌을 받았다. 글자 한 자도 한 획도 흐트러짐 없이 정결한 시어를 적시적소에 안배하는 언어의 경제성을 떠올리게도 했다. 시는 언어의 경제성과 언어의 최소화를 원칙으로 하기 때문이리라.

둘째는, 시인의 시를 곱씹어 읽어 보면 없는 듯한 비유법들이 살포시 숨어 있는 시적의 묘미에 푹 빠지는 경우를 발견하게 된다. 시의 생명은 비유라는 말을 하고 있기 때문이다. 직유보다는 은유성의 뭉치들이 피곤했던 발(足)을 찬물에 담그는 시원함을 맛보는 듯이 펄쩍 뛰는 모습들이 훤히 보였다.

셋째는, 시인만이 간직하는 시적인 감흥이 있을 뿐만 아니라 초장과 중장에 동떨어진 종장이 아니라 연계성이란 이음새의 매듭들이 시적인 완충지대를 형성하고 있었다. 이는 쉬운 듯하면서도 곱씹어 읽어 봐야만 시인의 분명의 의미 전달이 가슴에 철썩 와 닿는다는 점도 지적할 수 있겠다.

얼마 전에 전철을 타고 용산역에서 하차하여 전자상가 쪽으로 산책 겸 걸어서 지나간 적이 있다. 모모 문학단체에서 회원작품전과 같은 시화전의 한 모습을 스치듯이 읽어가다가 유나영 시인의 작품이 전시회의 첫 들머리에서 평자의 발길을 그만 멈추게 했다. 2수 연시조인 [그리움이란 무엇인가]라는 작품으로 그 두 번째 수를 여기 그림 속에 곱게 담아 투영시켜 본다. "숱하게 번진 빛살 별빛에 보입니다 / 돌담에 끼인 꿈 성글게 번집니다 / 잎 지고 바람 드센데 빈 벌판에 서 있습니다"란 작품이다. 시에서 잘 쓰이지 않는 존칭어의 구사능력이, 낯익은 만해 한용운 시인의 '임의 침묵'과 '알 수 없어요' 작품을 연상시키게 하면서 막혀 있던 평자의 가슴에 한 줌 빛살로 포근하게 감싸 주는 것만 같았다. 알알이 영글어버린 시어(詩語)의 얼게 더미에 감동된 바 컸다.(제1시조집 '낮달의 여행' 48쪽에 상재된 작품임)

'다작(多作)이 왕도만은 아니다'라고 말한다. 이는 시상이 우둔하고 나이 연만하신 분들의 푸념일 수도 있겠다. 그렇지만 유나영 시인은 작품 활동에 꾸준하게 정진하여 제5시조집과 제7자유시집이 줄을 이어 출간되기를 기대한다. 그리고 멀지 않는 장래에 [유나영 운문작품전집=시와 시조의 어울린 한마당 / 시와 시조의 혼례식 잔칫날 / 시와 시조가 어깨춤을 추다(?)] 등에서 하나의 부제(副題)를 선택하여 달고 [유나영 운문작품전집]이 출간된다면, 우둔한 필치로나마 또 한 번의 '추천사나 발문(跋文)' 한 구절을 곱게 달 수 있기를 은근하게 기대한다. 꼭 그렇게 할 수 있으리라 믿어 의심치 않는다. =◆=

이 도서의 국립중앙도서관 출판예정도서목록(CIP)은 서지정보유통지원시스템 홈페이지(http://seoji.nl.go.kr)와 국가자료공동목록시스템(http://www.nl.go.kr/kolisnet)에서 이용하실 수 있습니다. (CIP제어번호 : CIP2016016747)

유나영 시조집
어느 화가의 초상

초판 1쇄 _ 2016년 7월 20일
초판 발행 _ 2016년 7월 26일
지은이 _ 유나영
펴낸이 _ 양상구
펴낸곳 _ 도서출판 채운재
주소 _ 100-861 서울시 중구 충무로2가 49-8(서울빌딩 202호)
전화 _ 02-704-3301
팩스 _ 02-2268-3910
손전화 _ 010-5466-3911
이메일 _ ysg8527@naver.com

값 10,000원
파손 및 잘못된 책은 교환해 드립니다.